No Reino da Dinamarca

Edição apoiada pela Direção-Geral do Livro, dos Arquivos e das Bibliotecas/Portugal.

CULTURA
DIREÇÃO-GERAL DO LIVRO, DOS ARQUIVOS E
DAS BIBLIOTECAS

No Reino da Dinamarca

Alexandre O'Neill

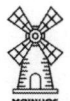

© Editora Moinhos, 2020.
© Herdeiros de Alexandre O'Neill.
Título original: No Reino da Dinamarca.

Edição:
Camila Araujo & Nathan Matos

Assistente Editorial:
Karol Guerra

Revisão e Diagramação:
Editora Moinhos

Capa:
Otávio Campos e Arthur Daibert

1ª edição, Belo Horizonte, 2020.
Nesta edição, respeitou-se a edição original.

Dados Internacionais de Catalogação na Publicação (CIP) de acordo com ISBD
Elaborado por Odilio Hilario Moreira Junior — CRB-8/9949
O58n
O'Neill, Alexandre
No reino da Dinamarca / Alexandre O'Neill.
Belo Horizonte, MG : Moinhos, 2020.
94 p. ; 14cm x 21cm.
ISBN: 978-65-5681-014-0
1. Literatura portuguesa. 2. Poesia. I. Título.
2020-1261

                                                           CDD 869.108
                                                           CDU 821.134.3-1

Índice para catálogo sistemático:
1. Literatura portuguesa: Poesia 869.108
2. Literatura portuguesa: Poesia 821.134.3-1

Todos os direitos desta edição reservados à Editora Moinhos
www.editoramoinhos.com.br
contato@editoramoinhos.com.br
Facebook.com/EditoraMoinhos
Twitter.com/EditoraMoinhos
Instagram.com/EditoraMoinhos

Saudação a Alexandre O'Neill

1. O'Neill, meu O'Neill brasileiro

No ano da morte de Alexandre O'Neill, *O Estado de S. Paulo* publica um artigo intitulado "Adeus ao antipoeta português". O autor do texto, Moacir Amâncio, destacava o facto de O'Neill, a par da maioria dos autores portugueses contemporâneos, não ser conhecido no Brasil, referindo ainda alguns dos tópicos mais frequentes sobre a sua poesia: o humor, os jogos verbais, a subversão dos lugares-comuns, a capacidade de surpreender o poético nas coisas inesperadas do quotidiano, para que o próprio epíteto de "antipoeta" no título deveria já apontar. Ainda antes desta notícia, O'Neill chegou a ser entrevistado em 1975, um ano e meio depois do 25 de abril, pelo jornal *O Pasquim*. Em "Uma Lição de Português", O'Neill responde a uma série de perguntas relativas sobretudo ao impacto que o 25 de abril teria tido ou estaria a ter na literatura portuguesa, recordando ainda os tempos recentes da opressão e censura. A entrevista é sobretudo de cariz político, analisando o passado histórico mais recente de Portugal e apresentando ao leitor brasileiro, que vivia em plena época da Ditadura Militar, um país que estava ainda a aprender a ser democracia.

Não foi nem esta entrevista nem o obituário d'*O Estado de S. Paulo* que tornaram O'Neill mais conhecido e lido no Brasil. Já esta edição de *No Reino da Dinamarca* é uma boa oportunidade para que este poeta, leitor exemplar e assíduo da literatura brasileira, venha a ser mais conhecido e, sobretudo, lido pelos leitores brasileiros.

De facto, a relação de O'Neill com a literatura brasileira é estreita e revela-se muito cedo. Numa das suas primeiras entrevistas, para um jornal regional português, em 1944, ainda antes de ser oficialmente considerado um poeta surrealista, confessa a dívida que tem para com a poesia brasileira: "– Cinjo-me apenas à presente e apenas a classifico com um adjectivo: enorme. Manuel Bandeira, Drummond de Andrade, Cecília Meireles, Mário de Andrade, Jorge de Lima, Guilherme de Almeida e Ribeiro Couto são, para mim, as maiores figuras da poesia do Brasil" (O'Neill 2003: 30). Mais de três décadas depois, O'Neill reage da seguinte maneira à questão de a literatura brasileira ser para si um "importante ponto de referência": "Sim. Mas não conheço a literatura brasileira tão bem quanto queria. É bom estarmos em contacto com a literatura do Brasil, não por qualquer sentimento, subconsciente ou inconsciente, mas que está ainda vivo, de paternalismo, mas pela sua qualidade e importância" (O'Neill 1977).

Na biblioteca particular de O'Neill, doada à Câmara Municipal de Constância e posteriormente integrada numa sala específica da Biblioteca Municipal, são vários os livros, com ou sem dedicatória, de escritores brasileiros. Mesmo sem acesso à biblioteca pessoal, podemos, através da leitura atenta da obra que publicou, poesia e crónicas, sobretudo, perceber como desde sempre o diálogo com a poesia brasileira foi profícuo. O louvor de Manuel Bandeira, por exemplo, em crónicas e no belíssimo poema "Alô, Vovô!", de *De Ombro na Ombreira* (1969), deve-se ao ideal que o poeta pernambucano representa para O'Neill, um exemplo máximo de contenção verbal, nos antípodas da enxúndia poética, o pecado capital para qualquer poeta que se preze e em que algumas vezes o próprio O'Neill incorreu, como reconhece sobejamente ao longo da sua obra. Assim, O'Neill vai à poesia de Bandeira, e de outros, buscar a parcimónia, a simplicidade, a precisão e o encurtamento. Em 1959, um ano depois da publicação de *No Reino da Dinamarca*, O'Neill escreve "Saudação a João Cabral de Melo Neto", poema publicado no volume seguinte (*Abandono Vigiado*), em 1960. Esse poema, à semelhança de outros, constitui uma das suas artes poéticas em que faz o elogio do prosaico, não como característica contrária à poesia, mas antes rejeitando a ideia da "linguagem poética como fuga ao significado e ao referente extra-linguístico" (Berardinelli 2003: 142).

A importância do Modernismo brasileiro no Surrealismo português e na sua geração é reconhecida várias vezes por O'Neill. Num texto intitulado "A marca do Surrealismo", dá conta do contributo inestimável da leitura de Carlos Drummond de Andrade para os surrealistas portugueses, reconhecendo na sua poesia uma "proposta de desarticulação do discurso poético" (O'Neill 2008: 173). Jorge de Sena, por sua vez, no texto inacabado do prefácio a *Estudos de Cultura e Literatura Brasileira*, também fala do exemplo de libertação poética dos poetas brasileiros. Mais tarde, Helder Macedo, em "O Drummond português", refere a influência da literatura brasileira na poesia que se fazia nos anos 40 e 50 em Portugal: "Tempo houve em que a melhor literatura portuguesa era brasileira" (Macedo 2007: 165). Considera O'Neill o "mais brasileiro dos jovens poetas portugueses que, à margem da literatura estabelecida, iam procurando as vias possíveis de um renovado modernismo" (Macedo 2007: 165).

Para além de leitor regular da literatura brasileira, e não só da poesia (veja-se a crónica "Vidas Secas", em *Uma coisa em forma de assim*, que dedica à obra homónima de Graciliano

Ramos), O'Neill foi um divulgador generoso das suas leituras. Nas crónicas tece algumas considerações críticas sobre as obras que lê, aquilo a que, com tendência para deflacionar, chama "palpites" ou "nota de leitura". Também o seu trabalho como antologiador é significativo e poucas vezes assinalado. Organiza os *Poemas Escolhidos* de João Cabral de Melo Neto, que saem em 1963 na coleção "Poetas de Hoje" da Portugália; e em 1969 sai a primeira edição de uma antologia de Vinicius de Moraes preparada por O'Neill. Na crónica "Vinicius nunca mais!", O'Neill revela os motivos de admiração pela poesia de Vinicius e conta a história da antologia que organizou:

> (...) vou tentar falar do Vinicius, que era como eu, com a diferença de ter mais dinheiro para comprar whisky, o que, verdade verdadinha, também não faz diferença por aí além. A poesia do Vinicius diverte-me tanto que até fiz uma antologia dela. Nas primeiras edições, a antologia chamava-se *O Poeta Apresenta o Poeta*, que era o meu modo de dizer que um poeta não precisa de ser explicado. Mas como éramos (em princípio...) dois poetas em presença, as pessoas julgavam que era o O'Neill a explicar o Vinicius. Depois do 25 de Abril, a antologia passou a chamar-se, com maior sentido das oportunidades, *O Operário em Construção*, que é o título dum dos poemas. (O'Neill 2004: 97)

A relação de O'Neill com a literatura brasileira é relevante para compreender muito do seu projeto poético, sobretudo a partir de finais dos anos 50, nomeadamente depois da publicação de *No Reino da Dinamarca*, data de viragem na produção poética do autor.

2. O *corvo benigno* do Surrealismo português

É expectável que, no momento de apresentação de um autor, se responda à pergunta "Quem foi Alexandre O'Neill?". O próprio escreveu vários autorretratos reveladores da sua personalidade literária. O primeiro dístico do poema "Caixadòclos", de *Feira Cabisbaixa*, é um bom exemplo: "Patriazinha iletrada, que sabes tu de mim?/– Que és o esticalarica que se vê." (O'Neill 2017: 249).

José Cutileiro, que o conheceu, descreveu-o, de forma lapidar, num verbete tão pessoal quanto despretensioso, publicado no *Dicionário de História de Portugal*. Nele, chama a atenção para a maneira como O'Neill encara a vida, determinante para a sua produção poética, como aliás o próprio reconhece no verso "conforme a vida que se tem o verso vem", do poema "Autocrítica" de *Feira Cabisbaixa*.

> Alexandre Manuel Vahia de Castro O'Neill de Bulhões nasceu, viveu e morreu em Lisboa. Foi um homem de esquerda, até no sentido que A. J. P. Taylor deu à expressão: ser de esquerda é ser *contra*. Foi contra a sua família de origem, contra as mulheres com quem casou, contra as empresas de publicidade que o empregaram, contra "*os bétinhos e os pais deles*". Nunca teve paciência para fingimentos e faltava-lhe o jeito da sobrevivência. Fez sofrer quem tal não merecia e sofreu quando poderia ter-se poupado. Incorruptível, só era fiel às suas taras. Encapsulou num verso a angústia essencial dos seus compatriotas lúcidos: *Portugal, questão que eu tenho comigo mesmo* (...) (Cutileiro 1999: 194).

Contar a história de O'Neill na literatura portuguesa passa sempre pela referência à sua participação na "aventura" surrealista, constituindo com Mário Cesariny o centro do grupo, mas também pelo facto de cedo ter rompido com o Grupo Surrealista de Lisboa, na procura de uma fala mais clara e próxima do real, de quem preferiu "o *falar* ao imaginar" (O'Neill 2008: 174). Contrariando a possível intenção do texto inaugural do *Tempo de Fantasmas*, livro que antecede *No Reino da Dinamarca*, no qual O'Neill se despede formalmente dos tempos de fantasmas que teriam sido a aventura surrealista, Fernando Cabral Martins, em ensaio recente, comenta o lugar de O'Neill na literatura portuguesa, reconhecendo na recusa pessoal do Surrealismo uma atitude surrealista, ainda que de "um Surrealismo singular" (Martins 2017: 49). Um dos grandes problemas que O'Neill faz notar no "Pequeno Aviso do Autor ao Leitor" é o facto de a escola surrealista o ter tornado menos capaz de ver "os verdadeiros problemas do seu meio" (O'Neill 2017: 689), fomentando a tendência para a "ambiguidade (fuga do real) e um formalismo", que, por sua vez, o teriam levado a "soluções de evidente mau gosto" (O'Neill 2017: 688). É essa capacidade de ver o real que lhe fazia falta, o que não significou uma adesão de O'Neill ao Neorrealismo. De alguma maneira, e voltando ao texto de Fernando Cabral Martins, o lugar de O'Neill poderia passar, se for mesmo necessário encontrar um lugar para ele, por uma mistura de realismo e surrealismo, uma poética de síntese, de que a expressão 'abandono vigiado' (título de um livro de O'Neill de 1960) é a fórmula" (Martins 2017: 57).

Em 1972, O'Neill publica o livro *Entre a Cortina e a Vidraça*, e nele encontramos o poema "Rua André Breton", que pode ser lido como súmula da história da literatura de uma parte significativa do século XX português. O'Neill convoca para o poema os dois movimentos literários que marcaram o panorama literário português, a partir da década de 30 do século XX: o Neorrealismo e o Surrealismo. Apesar da recusa de que fala, reconhece ainda os efeitos positivos do Surrealismo, sobretudo o seu impacto na pasmaceira literária e políti-

ca que se vivia em Portugal naquela altura.
Deflagraste em nós na sempiterna circunstância: a pasmaceira.
E por pouco não nos chamaram de Os Franceses.
Nas pequenostes a hora era (e agora?) a dos remorsos engajados.
A imitação do isto, a gangazul, a variz da varina
– pretextos e mais pretextos para lágrima-tinta –
eram o trapo que comíamos ainda.

A rua André Breton está sempre a mudar de rua.
Entendidos, desentendidos, como, ó rapaz, mudámos,
quando desfechaste o teu revólver de cabelos brancos
sobre cada um de nós, os comedores de trapo!

Por uma questão de desgosto,
desde então que desavindos com a vidinha!
(O'Neill 2017: 309)

 Sob o signo de Breton, como diz O'Neill neste poema, foi possível extinguir-se alguma da pasmaceira que se vivia, nomeadamente em termos de liberdade criativa, à falta da possibilidade de nesta altura a liberdade se alargar ao plano social e político, vivendo-se então tempos de ditadura. O verbo "deflagrar" dá conta, de forma violenta, do impacto libertador do Surrealismo, numa altura em que os "remorsos engajados" dos Neorrealistas se faziam sentir, e que mais não conseguiam que imitar o "isto, a gangazul, a variz da varina", com lágrimas falsas como efeito. Ainda que o Surrealismo tenha sido em Portugal um movimento de "desentendidos" e de pouca estabilidade nas relações interpessoais ("está sempre a mudar de rua"), não há dúvida de que provocou mudança, também ela com efeitos violentos, mas necessários, interrompendo ou abalando a circunstância *sempiterna* do marasmo nacional. Mesmo tendo chegado tarde a Portugal ("desfechaste o teu revólver de cabelos brancos"), o Surrealismo teve a mais-valia, desde então, de promover uma forma de reagir à pasmaceira, à "vidinha", ao dia burocrático, ao "modo funcionário de viver", um dos versos famosos do poema mais antologiado de Alexandre O'Neill, "Um adeus português", de *No Reino da Dinamarca*.

Na incerteza de um epíteto adequado a O'Neill, a expressão "desavindos com a vidinha!", no sentido de *ser do contra*, como referiu José Cutileiro no seu verbete, é capaz de ser uma boa síntese do seu percurso ético e literário. Entre o desavindo com o surrealismo e o apodo de poeta satírico, tendência também assinalada pela crítica, O'Neill terá sido sobretudo um poeta *desavindo com a vidinha*, na procura de uma vida mais verdadeira, como os poemas de *No Reino da Dinamarca* vêm mostrar.

3. No reino das palavras doentes

Em 1958, data de publicação de *No Reino da Dinamarca*, Jorge de Sena dá uma palestra na Livraria Guimarães para apresentar quatro obras de quatro poetas seus contemporâneos, entre elas este livro de O'Neill. No texto, mais tarde recolhido por Mécia de Sena em *Estudos de Literatura Portuguesa – II*, Sena refere-se a O'Neill nos seguintes termos: "com o seu ar peculiar de corvo benigno, é uma figura exótica cuja poesia é considerada por muitos uma lamentável traição ao surrealismo por que passou" (Sena 1988: 199). Considerando *No Reino da Dinamarca* "quase um livro de estreia", Jorge de Sena é provavelmente o primeiro a notar que o Surrealismo de escola não é tão importante para O'Neill quanto aquilo a que chama justamente um "lirismo crítico": "uma poesia da observação e do comentário das reacções do poeta às solicitações e hipocrisias do mundo que o rodeia" (Sena 1988: 203). Ora, a principal reação de *No Reino da Dinamarca* é sobretudo contra a "hipocrisia do sentimento e da inteligência poética" (Sena 1988: 203). Ainda neste mesmo texto, Sena assinala uma das questões mais marcantes da poética de O'Neill, referindo que a "admirável linguagem nova" que traz para a poesia portuguesa tem a mais-valia de falar "sem retóricas, nem humanitarismos pretensiosos, de lágrimas ao canto do olho, mas não no coração" (Sena 1988: 204).

No início do século XXI, o poeta António Franco Alexandre, aludindo ao poema "Animais doentes", de *No Reino da Dinamarca*, fala da doença que afetava a poesia portuguesa no início da segunda metade do século passado – "A meio do século passado já me apercebera, confusamente, que tanto ou mais do que eu estavam doentes as palavras" –, reconhecendo na poesia de O'Neill uma forma de ir "buscar saúde à linguagem" (Alexandre 2001). Neste editorial da revista *A Phala*, num número dedicado a Alexandre O'Neill, António Franco Alexandre considera que *No Reino da Dinamarca*, que hoje, pela primeira vez, se publica no Brasil, era já de si um importante diagnóstico da circunstância em que se vivia: "o destino como 'solidão e mágoa', o 'quotidiano não', a vida que 'não vivemos', a vizinhança do grotesco normal, do vil decente, e ainda, contudo, o beijo do 'jovem amor que recebeu/mandado de captura ou de despejo'".

Para além desta lição, a poesia de O'Neill "mandava romper com 'a poética poesia', afastar os 'cabeleireiros de palavras,/ pirotécnicos do estupor', lutar contra o 'bonito' para fazer 'bom'", numa referência a duas artes poéticas fundamentais de O'Neill: o poema já referido – "Saudação a João Cabral de Melo Neto" – e o poema "Bom e Expressivo", de *Poemas com Endereço* (1962).

Ler *No Reino da Dinamarca* é uma oportunidade de perceber o diagnóstico e de testar a terapêutica, utilizando os termos de António Franco Alexandre. Também há algo de podre *No Reino da Dinamarca* de O'Neill, na óbvia alusão ao *Hamlet* de Shakespeare, não só do ponto de vista moral, mas também na forma como se escreve. Neste livro, o leitor pode procurar sair do reino da Dinamarca, tentando dar saúde às palavras doentes através da leitura de uma poesia sem concessões a falsas retóricas. Num pequeno ensaio de 1959, intitulado "poesia: uma data e um lugar", publicado n'*O Comércio do Porto*, considerando que a poesia "deve ser pessoal e transmissível" (O'Neill 1959: 223) e que o público "está saturado de 'poético' e carente de poesia", O'Neill reconhece que cabe a quem escreve versos pensar no seu destinatário: "Contar com o público é principiar a tê-lo –

e é preciso, é urgente ter honesta e habilmente público..." (O'Neill 1959: 224). E, na verdade, não faltam destinatários nos poemas de *No Reino da Dinamarca*, ainda que nem todos eles sejam explicitamente nomeados.

Um dos poemas que certamente aproximou os leitores da sua poesia foi "Um adeus português"[1], tendo O'Neill sido várias vezes apelidado de poeta de "Um adeus português". O poema tornou-se famoso pela história pessoal que estava na sua origem, a do amor proibido entre o jovem Alexandre O'Neill, preso à "pequena dor à portuguesa", e a escritora surrealista, de origem búlgara, Nora Mitrani, que pertencia a Paris, à "cidade aventureira/da cidade onde o amor encontra as suas ruas" (p. 41), ao contrário dos amantes de novembro (nome de outro poema deste mesmo livro), sem um quarto para o amor, vivendo um tempo sem amor nenhum.

"Um adeus português" tem em comum com vários poemas de *No Reino da Dinamarca* o facto de falar da impossibilidade do amor em tempos sujos, mas ao mesmo tempo mostrar a importância de apelar à procura do sonho, do amor, de uma vida que se oponha à *vidinha*. São vários os poemas que se dirigem a um "tu", interpelando-o e incentivando-o a tentar fazer vencer o amor, os sonhos e a verdade. "Sigamos o cherne, minha Amiga!" (p. 36) é um apelo aparentemente insólito pela referência ao peixe, mas a leitura integral deste poema permite entender que só a satisfação do desejo amoroso poderá evitar solidão e mágoa. Neste como em outros, o eu do poema insurge-se contra a domesticação (não quer ser um revólver de trazer por casa), contra o amor vigiado, contra a "invenção atroz/A que chamam o dia-a-dia" (pp. 52-53).

---

1 Ao lado das citações de poemas de *No Reino da Dinamarca*, indico apenas a página da presente edição.

Os versos de amor (cf. "Poesia e propaganda"), da eventualidade do amor, são uma forma de dar saúde ao "dia sórdido/ canino/policial" (p. 41), ao "tempo sujo" que se vive neste reino da Dinamarca. Mas a saúde, para O'Neill, implica também a da linguagem que se usa na poesia. No poema "Animais doentes", e depois de apresentar o diagnóstico, O'Neill deseja encontrar as palavras certas para *falar*. Mais do que garantir a perdurabilidade das mesmas, sempre lhe interessou *dizer o que devia dizer* e deter os momentos fugazes, sem visos de eternidade, aquilo a que chamou, numa crónica sobre o poeta Nicolau Tolentino, de "amarração ao efémero" (O'Neill 2008, 50): "Para dizer/Queria palavras tão reais como chamas/E tão precárias/Palavras que vivessem só o tempo de dizer a sua parte" (p. 74).

Em "Uma lição de poesia, uma lição de moral", poema no qual a apóstrofe volta a estar presente, O'Neill saúda Paul Éluard, não por ser um notável poeta do movimento surrealista francês, mas por reconhecer na sua poesia um ideal ético-literário que lhe servirá de exemplo. Há, aliás, uma certa tendência para O'Neill procurar, em simultâneo, lições de poesia e de moral – termos contíguos no seu projeto poético – em vários dos poetas que admira, como são os casos dos já mencionados Manuel Bandeira e João Cabral de Melo Neto. Neste poema dedicado à memória de Paul Éluard, de alguma maneira uma arte poética por interposta pessoa, O'Neill elogia a dicção do poeta francês, a par da atitude de compromisso com a verdade. Os três adjetivos que compõem o verso "Comunicativo bom inteligente" (p. 72) concentram as três qualidades poéticas e morais que O'Neill admira, nos antípodas do hermetismo e da poética alambicada.

> Tua poesia abriu-se e hoje é comum
> E transparente como os olhos das crianças
>
> (...)
>
> E numa extrema juventude e sob o peso
> Precioso da simplicidade
> Tudo disseste
>
> Disseste o que devias dizer.
>
> (p. 72-73)

A poesia de Éluard abriu-se e tornou-se comum, aquilo que O'Neill também deseja fazer *No Reino da Dinamarca* e nos livros posteriores, abandonando ambiguidades e formalismos. A transparência e a simplicidade, por sua vez, também se revelam não no muito que se disse, mas na qualidade do que se falou: o "Tudo disseste" significa que se disse apenas o necessário. A par do estilo contido e simples, sublinha-se ainda um aspeto moral inequívoco: a importância do dever, da obrigação de dizer as coisas. De alguma maneira, todo o percurso poético de O'Neill é o de um poeta que tentou dizer aquilo que deve ser dito, frequentemente "por caminhos discretos preciosos serenos" (p. 34).

Num disco que acompanha o livro *Entre a Cortina e a Vidraça* (1972), O'Neill gravou um texto fundamental para compreender a sua personalidade literária. Considera neste texto que a palavra francesa *dégonfler* se adequa plenamente aos seus propósitos poéticos:

> Que quis eu da poesia? Que quis ela de mim? Não sei bem. Mas há uma palavra francesa com a qual posso perfeitamente exprimir o rompante mais presente em tudo o que escrevo: *dégonfler*. Em português, traduzi-la-ia por *desimportantizar*, ou em certos momentos, por aliviar, aliviar os outros e a mim primeiro da importância que julgamos ter. Só aliviados podemos tirar o ombro da ombreira e partir fraternalmente, ombro a ombro, para melhores dias, que o mesmo é dizer para dias mais verdadeiros. É pouco como projecto? Em todo o caso, é o meu. (O'Neill 2017, pp. 694-695)

Partir fraternalmente à procura de melhores dias, ou seja, de dias mais verdadeiros, é o apelo que faz a alguns dos "tus" de *No Reino da Dinamarca*. Aliviar a importância que se tem é ainda a lição de O'Neill em duas artes poéticas deste livro, com dois destinatários específicos. Na primeira, dirige-se à musa-mosca Albertina e faz-lhe um pedido, que ela consinta o seu falhanço poético: "Albertina!, deixa-me em paz, consente/Que eu falhe neste papel tão branco e insolente/Onde belo e ausente um verso eu sei que está." (p. 68-69); na segunda, fala ao poeta e aconselha-o a refrear a sua *hybris*, evidenciando os limites da criação literária e chamando a atenção para o facto de que nem sempre se atingem os "índices de produtividade"[2] (Tamen 2005: 11) que se ambicionam. Acertar um verso por ano já não é nada mau.

> Remancha, poeta,
> Remancha e desmancha
> O teu belo plano
> De escrever p'la certa.

---

[2] Esta expressão é utilizada por Miguel Tamen no ensaio "A poesia", texto decisivo para ler melhor Alexandre O'Neill.

> Não há "p'la certa", poeta!
> Mas em todo o acaso acerta
> Nem que seja a um verso por ano…
> (p. 76)

Em todo o caso, Alexandre O'Neill acertou vários versos por ano, e ao longo dos anos, dentro e fora do reino da Dinamarca. Sorte a nossa!

Joana Meirim
Lisboa, maio de 2020

Bibliografia

Alexandre, António Franco, editorial de *A Phala*, nº. 88, setembro de 2001.

Berardinelli, Alfonso, "Os Confins da Poesia", trad. de Osvaldo Manuel Silvestre, *Inimigo Rumor*, nº 14, 2003, pp. 138-145.

Cutileiro, José, "Bulhões, Alexandre Manuel Vahia de Castro O'Neill de", *Dicionário de História de Portugal – Suplemento*, coordenação de António Barreto e Maria Filomena Mónica, Porto, Livraria Figueirinhas, 1999, pp. 193-194.

Macedo, Helder, "O Drummond Português", *Trinta Leituras*, Lisboa, Editorial Presença, 2007, pp. 165-180.

Martins, Fernando Cabral, "À luz da ampola miraculosa", in *E a minha festa de homenagem? Ensaios para Alexandre O'Neill*, org. Joana Meirim, Lisboa, Tinta-da-china, 2018, pp. 49-58.

O'Neill, Alexandre, "Conversando com Alexandre O'Neill", entrevista de João Baptista Rosa, *A Planície*, nº. 22, 29 de outubro de 1944, in *Relâmpago – Revista de poesia*, n.º 13, Lisboa, Fundação Luís Miguel Nava, outubro de 2003, pp. 29-30.

_____. "poesia: uma data um lugar", *Estrada Larga. Antologia do suplemento "Cultura e Arte" de* O Comércio do Porto, Vol. 3, org. Costa Barreto, Porto, Porto Editora, 1960, pp. 223-226.

_____. "Alexandre O'Neill: a atracção pelos dicionários", *Edição Especial*, 20 de novembro de 1977, entrevista a Francisco Dionísio Domingos, p. X.

_____. *Uma coisa em forma de assim*, ed. Maria Antónia Oliveira, Lisboa, Assírio & Alvim, 2004.

_____. "A marca do Surrealismo", *Já cá não está quem falou*, ed. Maria Antónia Oliveira e Fernando Cabral Martins, Lisboa, Assírio & Alvim, 2008, pp. 171-174.

_____. *Poesias Completas & Dispersos*, ed. e posfácio de Maria Antónia Oliveira, Lisboa, Assírio & Alvim, 2017.

Sena, Jorge de, "Alguns poetas de 1958", *Estudos de Literatura Portuguesa – II*, ed. Mécia de Sena, Lisboa, edições 70, 1988, pp. 197-204.

Tamen, Miguel, "A poesia", introdução a *Poesias Completas*, Lisboa, Assírio & Alvim, 2005.

Neste espaço a si próprio condenado
Dum momento para o outro pode entrar
Um pássaro que levante o céu
E sustente o olhar
....

Com a tristeza acender a alegria
Com a miséria atear a felicidade
E no céu inocente da visão
Fazer pulsar um pássaro por vir
Fazer voar um novo coração

O tempo faz caretas

Visto que não há regresso
E o tempo está de mau cariz,
Viremos o dia do avesso
Para ver como é, primeiro.

A carranca dum velho ou o traseiro
Prazenteiro dum petiz?

Se...

Se é possível conservar a juventude
Respirando abraçado a um marco do correio;
Se a dentadura postiça se voltou contra a pobre senhora
[e a mordeu
Deixando-a em estado grave;
Se ao descer do avião a Duquesa do Quente
Pôs marfim a sorrir;
Se Baú-Cheio tem acções nas minas de esterco;
Se na América um jovem de cem anos
Veio de longe ver o Presidente
A cavalo na mãe;
Se um bode recebe o próprio peso em aspirina
E a oferece aos hospitais do seu país;
Se o engenheiro sempre não era engenheiro
E a rapariga ficou com uma engenhoca nos braços;
Se reentrante, protuberante, perturbante,
Lola domina ainda os portugueses;
Se o Jorge (o «ponto» do Jorge!) tentou beber naquela noite
O presunto de Chaves por uma palhinha
E o Eduardo não lhe ficou atrás
Ao sair com a lagosta pela trela;
Se «ninguém me ama porque tenho mau hálito
E reviro os olhos como uma parva»;
Se Mimi Travessuras já não vem a Lisboa
Cantar com o Alberto...

... Acaso o nosso destino, tac!, vai mudar?

Meditação na pastelaria

Por favor, Madame, tire as patas,
Por favor, as patas do seu cão
De cima da mesa, que a gerência
Agradece.

Nunca se sabe quando começa a insolência!
Que tempo este, meu Deus, uma senhora
Está sempre em perigo e o perigo
Em cada rua, em cada olhar,
Em cada sorriso ou gesto
De boa-educação!

A inspecção irónica das pernas,
Eis que os homens sabem oferecer-nos,
Inspecção demorada e ascendente,
Acompanhada de assobios
E de sorrisos que se abrem e se fecham
Procurando uma fresta, uma fraqueza
Qualquer da nossa parte...

Mas uma senhora é uma senhora.
Só vê a malícia quem a tem.
Uma senhora passa
E ladrar é o seu dever – se tanto for preciso!

*

O pó de arroz:
Horrível!

O bâton:
Igual!

O amor de Raul é já uma saudade,
Foi sempre uma saudade…

(O escritório
Toma-lhe todo o tempo?
Desconfio que não…)

Filhos tivemos um:
Desapareceu…
E já nem sei chorar!

*

Chorar…
Como eu queria poder chorar!

Chorar encostada a uma saudade
Bem maior do que eu,
Que não fosse esta tristeza
Absurda de cada dia:
Unha
Quebrada de melancolia…

Perdi tudo, quase tudo…

Hoje,
Resta-me a devoção
E este pequeno inteligente cão.

Por favor, Madame, tire as patas,
Por favor, as patas do seu cão
De cima da mesa, que a gerência
Agradece.

Ao rosto vulgar dos dias

Monstros e homens lado a lado,
Não à margem, mas na própria vida.

Absurdos monstros que circulam
Quase honestamente.

Homens atormentados, divididos, fracos.
Homens fortes, unidos, temperados.

*

Ao rosto vulgar dos dias,
À vida cada vez mais corrente,
As imagens regressam já experimentadas,
Quotidianas, razoáveis, surpreendentes.

*

Imaginar, primeiro, é ver.
Imaginar é conhecer, portanto agir.

O tempo sujo

Há dias que eu odeio
Como insultos a que não posso responder
Sem o perigo duma cruel intimidade
Com a mão que lança o pus
Que trabalha ao serviço da infecção

São dias que nunca deviam ter saído
Do mau tempo fixo
Que nos desafia da parede
Dias que nos insultam que nos lançam
As pedras do medo os vidros da mentira
As pequenas moedas da humilhação

Dias ou janelas sobre o charco
Que se espelha no céu
Dias do dia-a-dia
Comboios que trazem o sono a resmungar para o trabalho
O sono centenário
Mal vestido mal alimentado
Para o trabalho
A martelada na cabeça
A pequena morte maliciosa
Que na espiral das sirenes
Se esconde e assobia

Dias que passei no esgoto dos sonhos
Onde o sórdido dá as mãos ao sublime
Onde vi o necessário onde aprendi
Que só entre os homens e por eles
Vale a pena sonhar.

Alexandre O'Neill | 32

Inventário

Uma palavra que se tornou perigosa
Um marinheiro dum país «amigo»
Uma pobre mulher tuberculosa
E a mulher orgulhosa que persigo

A velhinha que passa de buíque
Um incêndio prestes a romper
E as ruas as ruas onde vi
O que ainda não sei ver

Uma praia elegante um estendal
De belos corpos indolentes
E as últimas mentiras dum jornal
A propósito de factos recentes

Um senhor absolutamente sério
Um doutor que esteve por um triz
P'ra fazer parte dum novo ministério
E um velho muito velho que nos diz

Avesso à multidão aos seus gritos de louca
Tenho contudo um grande amor ao Homem
Mas cuidado Uma ideia não vive sem o pão da boca
Por aquilo que não sou não quero que me tomem

Outro senhor absolutamente honesto
Ainda a velhinha do buíque
E o velho muito velho diz o resto
Diz o resto e é para que fique

Meu lema é conhecido minha voz muito menos
Mas o que digo chega ao vosso coração
Por caminhos discretos preciosos serenos
Como um selo raro a uma colecção

(E num silêncio que toda a gente ouvia
Só a mosca deu sinal de si
Dizendo com graça e ironia
Ó Cesário Verde como eu queria
Que estivesses aqui!)

Poesia e propaganda

Hei-de mandar arrastar com muito orgulho,
Pelo pequeno avião da propaganda
E no céu inocente de Lisboa,
Um dos meus versos, um dos meus
Mais sonoros e compridos versos:

E será um verso de amor…

Sigamos o Cherne!
(*Depois de ver o filme «O Mundo do Silêncio»
de Jacques-Yves Cousteau*)

Sigamos o cherne, minha Amiga!
Desçamos ao fundo do desejo
Atrás de muito mais que a fantasia
E aceitemos, até, do cherne um beijo,
Senão já com amor, com alegria…

Em cada um de nós circula o cherne,
Quase sempre mentido e olvidado.
Em água silenciosa de passado
Circula o cherne: traído
Peixe recalcado…

Sigamos, pois, o cherne, antes que venha,
Já morto, boiar ao lume de água,
Nos olhos rasos de água,
Quando, mentido o cherne a vida inteira,
Não somos mais que solidão e mágoa…

Os amantes de novembro

Ruas e ruas dos amantes
Sem um quarto para o amor
Amantes são sempre extravagantes
E ao frio também faz calor

Pobres amantes escorraçados
Dum tempo sem amor nenhum
Coitados tão engalfinhados
Que sendo dois parecem um

De pé imóveis transportados
Como uma estátua erguida num
Jardim votado ao abandono
De amor juncado e de outono.

A meu favor

A meu favor
Tenho o verde secreto dos teus olhos
Algumas palavras de ódio algumas palavras de amor
O tapete que vai partir para o infinito
Esta noite ou uma noite qualquer

A meu favor
As paredes que insultam devagar
Certo refúgio acima do murmúrio
Que da vida corrente teime em vir
O barco escondido pela folhagem
O jardim onde a aventura recomeça.

O teu nome

Flor de acaso ou ave deslumbrante,
Palavra tremendo nas redes da poesia,
O teu nome, como o destino, chega,
O teu nome, meu amor, o teu nome nascendo
De todas as cores do dia!

Um adeus português

Nos teus olhos altamente perigosos
vigora ainda o mais rigoroso amor
a luz de ombros puros e a sombra
de uma angústia já purificada

Não tu não podias ficar presa comigo
à roda em que apodreço
apodrecemos
a esta pata ensanguentada que vacila
quase medita
e avança mugindo pelo túnel
de uma velha dor

Não podias ficar nesta cadeira
onde passo o dia burocrático
o dia-a-dia da miséria
que sobe aos olhos vem às mãos
aos sorrisos
ao amor mal soletrado
à estupidez ao desespero sem boca
ao medo perfilado
à alegria sonâmbula à vírgula maníaca
do modo funcionário de viver

Não podias ficar nesta cama comigo
em trânsito mortal até ao dia sórdido
canino
policial
até ao dia que não vem da promessa
puríssima da madrugada

mas da miséria de uma noite gerada
por um dia igual

Não podias ficar presa comigo
à pequena dor que cada um de nós
traz docemente pela mão
a esta pequena dor à portuguesa
tão mansa quase vegetal

Não tu não mereces esta cidade não mereces
esta roda de náusea em que giramos
até à idiotia
esta pequena morte
e o seu minucioso e porco ritual
esta nossa razão absurda de ser

Não tu és da cidade aventureira
da cidade onde o amor encontra as suas ruas
e o cemitério ardente
da sua morte
tu és da cidade onde vives por um fio
de puro acaso
onde morres ou vives não de asfixia
mas às mãos de uma aventura de um comércio puro
sem a moeda falsa do bem e do mal

*

Nesta curva tão terna e lancinante
que vai ser que já é o teu desaparecimento
digo-te adeus
e como um adolescente
tropeço de ternura
por ti.

Soneto inglês

Como o silêncio do punhal num peito,
O silêncio do sangue a converter
Em fio breve o coração desfeito
Que nas pedras acaba de morrer,

Vive em mim o teu nome, tão perfeito
Que mais ninguém o pode conhecer!
É a morte que vivo e não aceito;
É a vida que espero não perder.

Viver a vida e não viver a morte;
Procurar noutros olhos a medida,
Vencer o tempo, dominar a sorte,
Atraiçoar a morte com a vida!

Depois morrer de coração aberto
E no sangue o teu nome já liberto…

Agora escrevo

Que queriam fazer de mim?

Uma palavra, um gemido obsceno,
Uma noite sem nenhuma saída,
Um coração que mal pudesse
Defender-se da morte,
Uma vírgula trémula de medo
Num requerimento azul, azul,
Uma noite passada num bordel
Parecido com a vida, resumindo
Brutalmente a vida!

*A chave dos sonhos, o segredo
Da felicidade, as mil e uma
Noites de solidão e medo,
A batata cozida do dia-a-dia,
O muscular fim de semana,
As sardinhas dormindo,
Decapitadas, no azeite,
O amor feito e desfeito
Como uma cama
E ao fundo – o mar...*

Mas defendi-me e agora escrevo
Furiosamente, agora escrevo
Para alguém:

Lembras-te, meu amor, dos passeios que demos
Pela cidade? Dos dias que passámos

Nos braços da cidade?
Coleccionámos gente, rostos simples, frases
De nenhum valor para além do mistério
Também simples do nosso amor.
Inventámos destinos, cruzámos vidas
Feitas de compacta vontade,
De dura necessidade, rostos frios
Possuídos por uma ausência atroz,
Corpos extenuados mas sem nenhum sono para dormir,
Olhos já sem angústia, sem esperança, sem qualquer
Pobre resto de vida!
Seguimos a alegria das crianças, agressiva
Como o carvão riscando uma parede,
Aprendemos a rir (oh que vergonha!...)
Com a gente «ordinária», e calados
Descemos até ao rio – e ali ficámos
A ver!

O amor continua muito alto,
Muito acima, muito fora
Da vida, muito raro
E difícil: maravilhoso
Quando devia ser fiel.
Fiel em cada dia,
Paciente e natural em cada dia,
Profundo e ao mesmo tempo aéreo,
Verde e simples,
Como uma árvore!

Ganhámos juntos o que perdemos separados:
A luz incomparável, esta luz quase louca
Da primavera, esta gaivota

Caída dos ombros da luz,
E a leve, saborosa tristeza do entardecer,
Como uma carta por abrir,
Uma palavra por dizer…
Ganhámos juntos o que vamos perdendo
Separados:
A alegria – inocente
Cidade,
Coração aberto pela manhã,
Pequeno barco subindo
Nitidamente o rio,
Fumegando, fumando
Com o seu ar importante de homenzinho…
E a ternura – beijo sobrevoando
O teu rosto fiel,
Fogo intensamente verde sobre a terra,
Intensamente verde nos teus olhos,
Pequeno «nariz ordinário»
Que entre os meus dedos protesta
E se debate…

> *Duas árvores de avanço,*
> *Uma corrida louca…*
> *…E o teu coração na minha boca!*

E o amor,
Não o que destrói, o que não é amor,
Não a fúria dos corpos quando trocam
Desespero por desespero,
Não a suprema tristeza de existir,
A obscena arte de viver,
A ciência de não dar e receber,

Mas o amor que se traduz
Pela bondade, a confiança,
A pureza, a fraternidade,
A força de viver, de triunfar da morte,
De triunfar da sorte,
A vertigem de conhecer
Necessidade e liberdade!

*

Ganhámos juntos o que perdemos separados.

Flechas velocíssimas,
Nossos sonhos voavam
Em direcção à vida,
E era na vida que queriam acertar,
Era na vida que queriam morder,
Era à vida que nos queriam ligar!

Nos nossos sonhos entrava gente viva,
Entravam cartas, poemas, versos
Tão cheios de sentido como ruas
E ruas plenas de ritmo e sentido,
Como os melhores versos.
Entravam amigos, desejos, lutas
E esperanças comuns,
Recordações, amores antigos
Como navios perdidos muito ao longe
Ou já imóveis sob anos e anos de silêncio,
Leituras discutidas, evocadas: sonhos
E destinos próximos, tristezas e alegrias semelhantes,
Vidas exemplares,
Vidas fulgurantes de vida!

Michaud, o que dizia
A cada passo: «Et comment!»
Para exprimir o seu apego à vida,
A sua indomável alegria!
E N-2 e Berta,
Um ao outro presos
Como fantasmas,
Mas vivendo e ajudando a viver!
E Éluard, os seus poemas
Simples como gestos de alegria,
Directos como palavras
De justa cólera
Irreprimíveis como beijos
Quentes de ternura,
Completos como pássaros
Rápidos no azul!
E muitos outros ainda,
Muitas outras vidas,
Reais ou inventadas
Exemplarmente do real!

Nos nossos dias entravam dúvidas e erros,
A terrível solidão de certas horas
Sem um ombro amigo,
O coração abandonado, flutuando
Como um peixe morto, um resto
De calor dentro do frio.

Dúvidas, erros,
E a tentação de levantar andaimes,
De entrar «em obras», de instalar
Em cada dia um «problema»

E de dourar
O «problema» de cada dia…

Mas não só a dúvida e o erro,
O coração entornado, a cabeça perdida
Entravam nos nossos dias.
Porém
Tratava-se de realizar.

«Realizar»: fazer passar
Para a realidade,
Pôr em prática sonhos,
Ideias, teorias.
Por exemplo: a indústria,
A agricultura realizam
Certas teorias
Químicas, físicas,
Biológicas.
Por exemplo: hoje
Estão a ser realizados
Os mais velhos
Sonhos do homem.
Por exemplo – mais pessoal
Mas não menos importante:
Em ti
Via realizados os meus sonhos!

Soneto

Tempo das cerejeiras agressivas
A avançar pelo meu quarto dentro.
Velho tempo das noites explosivas
Em que o sangue crescia como o vento!

Tempo – aproximação das coisas vivas,
Do seu hálito doce, violento.
Tempo – horas e horas convertidas
No ouro raro e inútil dum lamento...

Tempo como uma ferida no meu lado,
Coração palpitando sobre a lama.
Tempo perdido, sangue derramado,

Resto de amor que se deixou na cama,
Horizonte de guerra atravessado
Pelo corpo audacioso duma chama.

O revólver de trazer por casa

Querem fazer de mim o revólver de trazer por casa,
Fizeram já de mim o revólver de trazer por casa,
Aquele que toda a gente, uma, duas vezes na vida,
Encosta por teatro a um ouvido
Que acaba por se fechar envergonhado.

Um bom revólver domesticado:
Algumas noções de pré-suicídio, mas não mais,
Que a vida está muito cara e a aventura
Nem sempre devolve o barco que lhe mandam.

Quem espera por mim não espera por mim
E talvez me encontre por um acaso distraído.
Mas no meu obsceno mostruário de gestos,
Guardo o mais obsceno
Para quando a ilusão se der…

A noite-viúva

Uma pequena angústia sentida nos joelhos
Como o bater do próprio coração
E é a noite que chega
Não a noite-diamante
Mas a noite-viúva a noite
Sete vezes mais impura do que eu
Em passo obsceno em obscena força
Minúscula perversa venenosa

Escrevo o teu nome
Noite de amor que de longe me defendes
Escrevo o teu nome contra a noite obscena
Que a meu lado espera seduzir-me
Levar-me consigo
À porca solidão onde trabalha
À insónia sem margens ao vinho solitário
Duma pequena angústia
Escrevo todos os teus nomes
Puxo-os para mim tapo-me com eles
Noite da surpresa
Noite feroz da surpresa
Noite do amor atacado de perto e conseguido
Alto e convulsivo
Noite dos amantes deslumbrados
Iluminados pelo demónio mais puro
Noite como uma punhalada ritual no invisível
Noite da vítima-triunfante
Escrevo o teu nome a meu favor e contra
Esta noite este murmúrio esta invenção atroz

A que chamam o dia-a-dia
Estas quatro minúsculas patas
Venenosas da angústia

Escrevo o teu nome cruel
Puro e definitivo.

Poema

No tempo em que os suicidas falavam
Amar-te teria consequências.

Mas teria?
Ou nem uma última ruga
Viria alterar a face das coisas
Dispô-las pela primeira vez a meu favor?

(Uma ruga que me deixasse para sempre limpo
Para sempre autêntico
E que imediatamente me recompensasse
Do acto por excelência cabotino
De desaparecer a deixar rasto
De desaparecer em contracção, em convulsão de teatro.)

Há palavras que nos beijam

Há palavras que nos beijam
Como se tivessem boca.
Palavras de amor, de esperança,
De imenso amor, de esperança louca.

Palavras nuas que beijas
Quando a noite perde o rosto;
Palavras que se recusam
Aos muros do teu desgosto.

De repente coloridas
Entre palavras sem cor,
Esperadas inesperadas
Como a poesia ou o amor.

(O nome de quem se ama
Letra a letra revelado
No mármore distraído
No papel abandonado)

Palavras que nos transportam
Aonde a noite é mais forte,
Ao silêncio dos amantes
Abraçados contra a morte.

Um carnaval

Vem ao baile vem ao baile
Pelo braço ou pelo nariz
Vem ao baile vem ao baile
E vais ver como te ris

Deixa a tristeza roer
As unhas de desespero
Deixa a verdade e o erro
Deixa tudo vem beber

Vem ao baile das palavras
Que se beijam desenlaçam
Palavras que ficam passam
Como a chuva nas vidraças

Vem ao baile oh tens de vir
E perder-te nos espelhos
Há outros muito mais velhos
Que ainda sabem sorrir

Vem ao baile da loucura
Vem desfazer-te do corpo
E quando caíres de borco
A tua alma é mais pura

Vem ao baile vem ao baile
Pelo chão ou pelo ar
Vem ao baile baile baile
E vais ver o que é bailar.

O beijo

Congresso de gaivotas neste céu
Como uma tampa azul cobrindo o Tejo.
Querela de aves, pios, escarcéu.
Ainda palpitante voa um beijo.

Donde teria vindo! (Não é meu...)
De algum quarto perdido no desejo?
De algum jovem amor que recebeu
Mandado de captura ou de despejo?

É uma ave estranha: colorida,
Vai batendo como a própria vida,
Um coração vermelho pelo ar.

E é a força sem fim de duas bocas,
De duas bocas que se juntam, loucas!
De inveja as gaivotas a gritar...

Pretextos para fugir do real

A uma luz perigosa como água
De sonho e assalto
Subindo ao teu corpo real
Recordo-te
E és a mesma
Ternura quase impossível
De suportar

Por isso fecho os olhos

(O amor faz-me recuperar incessantemente o poder da provocação. É assim que te faço arder triunfalmente onde e quando quero. Basta-me fechar os olhos)

Por isso fecho os olhos
E convido a noite para a minha cama
Convido-a a tornar-se tocante
Familiar concreta
Como um corpo decifrado de mulher

E sob a forma desejada
A noite deita-se comigo
E é a tua ausência
Nua nos meus braços

*

Experimento um grito
Contra o teu silêncio
Experimento um silêncio

Entro e saio
De mãos pálidas nos bolsos

Assobio às pequenas esperanças
Que vêm lamber-me os dedos

Perco-me no teu retrato
Horas seguidas

E ao trote do ciúme deito contas
Deito contas à vida.

Soneto

No céu duma tristeza cor de farda,
Uma angústia de nuvens se desenha.
O amor já morreu: que o tempo venha
Desmantelar o que a memória guarda.

Jogai!, jogai! Quem não jogar não ganha
Nem perde. É a última cartada.
Eu aposto na vida, mesmo errada.
Talvez outro destino me sustenha.

Avião de Lisboa para o mundo,
Apaga-me a tristeza com as asas,
Tão nítidas no céu em que me afundo!

Depois desaparece atrás das casas
E deixa-me o azul, o azul profundo,
E duas nuvens de razão tocadas.

Mesa dos sonhos

Ao lado do homem vou crescendo

Defendo-me da morte quando dou
Meu corpo ao seu desejo violento
E lhe devoro o corpo lentamente

Mesa dos sonhos no meu corpo vivem
Todas as formas e começam
Todas as vidas

Ao lado do homem vou crescendo

E defendo-me da morte povoando
De novos sonhos a vida.

O pequeno corcunda

O pequeno corcunda
Que atravessa a cidade,
E que ninguém ajuda,
Resistente e suave,

É o meu louco desejo,
S. Cristóvão logrado
Não podendo pousar
O precioso fardo.

É um modesto trote
O que dedica aos outros.
Teimosia de louco,
Para muitos a sorte…

Dá vontade de rir,
De chorar dá vontade:
Ir, sem ter aonde ir,
E trotar pela cidade …

Seu olho tudo vê,
Seu pé tudo explora,
E quando se estatela,
Esvazia-se e morre…

Mas não morre! Morrer,
Morro eu, pois então!
E o corcunda, a correr,
Já não terá ninguém,
Já não terá razão…

Rir, Roer

E se fôssemos rir,
Rir de tudo, tanto,
Que à força de rir
Nos tornássemos pranto,

Pranto colector
Do que em nós sobeja?
No riso, na dor,
Que o homem se veja.

Se veja disforme,
Se disforme for.
Um horror enorme?
Há outro maior…

E se não houver,
O horror é nosso.
Põe o dente a roer,
Leva o dente ao osso!

Toma lá Cinco!

Encolhes os ombros, mas o tempo passa...
Ai, afinal, rapaz, o tempo passa!

Um dente que estava são e agora não,
Um cabelo que ainda ontem preto era,
Dentro do peito um outro, sempre mais velho coração,
E na cara uma ruga que não espera, que não espera...

No andar de cima, uma nova criança
Vai bater no teu crânio os pequeninos pés.
Mas deixa lá, rapaz, tem esperança:
Este ano talvez venhas a ser o que não és...

Talvez sejas de enredos fácil presa,
Eterno marido, amante de um só dia...
Com clorofila ficam os teus dentes que é uma beleza!
Mas não rias, rapaz, que o ano só agora principia...

Talvez lances de amor um foguetão sincero
Para algum coração a milhões de anos-dor
Ou desesperado te resolvas por um mero
Tiro na boca, mas de alcance maior...

Grande asneira, rapaz, grande asneira seria
Errar a vida e não errar a pontaria...

Talvez te deixes por uma vez de fitas,
De versos de mau hálito e mau sestro,
E acalmes nas feias o ardor pelas bonitas
(Como mulheres são mais fiéis, de resto...)

Dores

Às dores inventadas
Prefere as reais.
Doem muito menos
Ou então muito mais…

Inventário

Um ruído de torneiras em plena missa
Um gato passeado pelo desejo
Uma esposa coberta de caliça
Um despejo

Um congresso que dorme inaugurado
Uma condessa de sovaco triste
Um excremento muito mal logrado
Um mimo a que ninguém assiste

Um repelente menino Vicente
Posto na vida só p'ra ter juízo
Um incisivo e solitário dente
Carregado de riso

A miúda que vem maneirinha
Ao encontro na Praça do Chil'
E a voar como uma andorinha
Do meu coração o til

Uma d'óculos a olhar de lado e é prò pecado
Uma torpe saborosa canção
Um rápido encontro falhado
Um dia de bruços no chão

Um tinto vomitado na areia
Uma nuca rachada pelo sol
Um osso a esperar a maré-cheia
Uma petiza pendurada e mole

Um tartamudo na pior altura
Um soluço através duma ruína
Uma forte implacável dentadura
À dentada subindo pela ravina.

«Albertina» ou «O Insecto-Insulto» ou «O quotidiano recebido como mosca»

O poeta está só, completamente só.
Do nariz vai tirando alguns minutos
De abstracção, alguns minutos
Do nariz para o chão
Ou colados sob o tampo da mesa
Onde o poeta é todo cotovelos
E espera um minuto que seja de beleza.

Mas o poeta é aos novelos;
Mas o poeta já não tem a certeza
De segurar a musa, aquela
Que tantas vezes arrastou pelos cabelos…

*

A mosca Albertina, que ele domesticava,
Vem agora ao papel, como um insecto-insulto,
Mas fingindo que o poeta a esperava…

Quase mulher e muito mosca,
Albertina quer o poeta para si,
Quer sem versos o poeta.
Por isso fica, mosca-mulher, por ali…

*

– Albertina!, deixa-me em paz, consente
Que eu falhe neste papel tão branco e insolente
Onde belo e ausente um verso eu sei que está!
– Albertina!, eu quero um verso que não há!…

*

Conjugal, provocante, moreno e azulado,
O insecto levanta, revoluteia, desce
E, em lugar do verso que não aparece,
No papel se demora como um insulto alado.

E o poeta sai de chofre, por uns tempos desalmado…

Os domingos de Lisboa

Os domingos de Lisboa são domingos
Terríveis de passar – e eu que o diga!
De manhã vais à missa a S. Domingos
E à tarde apanhamos alguns pingos
De chuva ou coçamos a barriga.

As palavras cruzadas, o cinema ou a apa,
E o dia fecha-se com um último arroto.
Mais uma hora ou duas e a noite está
Passada, e agarrada a mim como uma lapa,
Tu levas-me prà cama, onde chego já morto.

E então começam as tuas exigências, as piores!
Quer's por força que eu siga os teus caprichos!
Que diabo! Nem de nós mesmos seremos já senhores?
Estaremos como o ouro nas casas de penhores
Ou no Jardim Zoológico, irracionais, os bichos?
....
....
Mas serás tu a minha «querida esposa»,
Aquela que se me ofereceu menina?
Oh! Guarda os teus beijos de aranha venenosa!
Fecha-me esse olho branco que me goza
E deixa-me sonhar como um prédio em ruína!...

Amigo

Mal nos conhecemos
Inaugurámos a palavra «amigo».

«Amigo» é um sorriso
De boca em boca,
Um olhar bem limpo,
Uma casa, mesmo modesta, que se oferece,
Um coração pronto a pulsar
Na nossa mão!

«Amigo» (recordam-se, vocês aí,
Escrupulosos detritos?)
«Amigo» é o contrário de inimigo!

«Amigo» é o erro corrigido,
Não o erro perseguido, explorado,
É a verdade partilhada, praticada.

«Amigo» é a solidão derrotada!

«Amigo» é uma grande tarefa,
Um trabalho sem fim,
Um espaço útil, um tempo fértil,
«Amigo» vai ser, é já uma grande festa!

Uma lição de poesia, uma lição de moral

À memória de Paul Éluard

Estudaste a bondade aprendeste a alegria
Iluminaste a noite com a estrela
E o desejo com a necessidade

Comunicativo bom inteligente
Soubeste sofrer sem destruir a vida
Sem chamar pela morte

Soubeste vencer o íntimo lazer
As absurdas manias que a solidão instala
No coração virado na cabeça perdida

Soubeste mostrar o mais secreto amor
Numa alegria feroz perfeita pública
Capaz de provocar o ódio e a ternura

Em todas as frentes que por ti passavam
Contra-atacaste repelindo o mal
Com pesadas perdas para o inimigo

E na miséria que subia aos rostos
Puseste a nu a resistência a esperança
E um futuro sorriso

Enquanto velhas feridas se fechavam
Tua poesia abriu-se e hoje é comum
E transparente como os olhos das crianças

Hoje é o pão o sangue e o direito à esperança
À esperança que é «um boi a lavrar um campo»
E que é «um facho a lavrar o olhar»

Andaste triste mas não foste a tristeza
Sofreste muito mas não foste a dor
Amaste imenso e eras o amor

Cantaste a beleza proferiste a verdade
Encontraste não uma mas a razão de ser
Compreendeste a palavra felicidade

E numa extrema juventude e sob o peso
Precioso da simplicidade
Tudo disseste

Disseste o que devias dizer.

Animais Doentes

Animais doentes as palavras
Também elas
Vespas formigas cabras
De trote difícil e miúdo
Gafanhotos alerta
Pombas vomitadas pelo azul
Bichos de conta bichos que fazem de conta
Pequeníssimas pulgas uma sílaba só
Lagartos melancólicos
Estúpidas galinhas corriqueiras
Tudo tão doente tão difícil
De manejar de lançar de provocar
De reunir
De fazer viver

Ou então as orgulhosas
Palavras raras
Plumas de cores incandescentes
Altos gritos no aviário
E o branco sem uso
Imaculado
De certas aves da solidão

Para dizer
Queria palavras tão reais como chamas
E tão precárias
Palavras que vivessem só o tempo de dizer a sua parte
No discurso de fogo
Logo extintas na combustão das próximas

Palavras que não esperassem
Em sal ou em diamante
O minuto ridículo precioso raro
De sangrar a luz a gota de veneno
Cativa das entranhas ociosas.

Em todo o acaso

Remancha, poeta,
Remancha e desmancha
O teu belo plano
De escrever p'la certa.

Não há «p'la certa», poeta!

Mas em todo o acaso acerta
Nem que seja a um verso por ano…

O atro abismo

Quando o poeta escreveu: «...o atro abismo!»,
Umas vírgulas por ele mal dispostas,
Irritadas gritaram: «É estrabismo!»

Mas um ponto que viveu no dicionário,
De admiração caiu de costas
E abismado seguiu o seu destino...

De um bestiário

FORMIGA

Com a formiga viajei,
Quase de braço dado...

Senhora formiga
É bom que se diga
Que tu és má:

Vais à alma, a pé,
P'ra roubar até
O que lá não há...

CISNE

Na água lenta onde insinua
O pescoço, espasmo constante,
Pura e hostil desliza a sua
Branca forma perturbante.

ANDORINHA

Despenteei-me já, mercê duma andorinha
Que na cabeça me passava p'la tardinha.

GRILO

O grilo que lutava ainda,
Adormeceu.

Coitado,
Já não podia aguentar o peso da noite!

A bilha

1

Bilha: forma que se casa
Com o meu coração,
A dar-me, simples, a asa,
Como um menino a mão!

Bilha que serve, na mesa,
E espera, sobre a toalha,
Que a gente sinta a beleza
De quem trabalha...

Bilha: donzela que dançou,
Dançou tanto de roda,
E na «pose» que me agrada,
De repente ficou!

2

Bilha só para ver...
Parece uma rapariga
Que ninguém quer,
A mostrar a barriga!

Bilha: mais bela por servir,
Por nem sempre conter,
Por se poder
Partir...

Bilha que trabalha, que serve,
Que se enche e esvazia
Com a água e com a sede
De cada dia!

3

Serás, bilha, só a terna
Parede feminina
Entre o espaço que te cerca
E o espaço que te anima?

Mas da própria condição
De só deveres conter
Água para beber
Se forma o teu coração!

Inventário

Um dente d'oiro a rir dos panfletos
Um marido afinal ignorante
Dois corvos mesmo muito pretos
Um polícia que diz que garante

A costureira muito desgraçada
Uma máquina infernal de fazer fumo
Um professor que não sabe quase nada
Um colossalmente bom aluno

Um revólver já desiludido
Uma criança doida de alegria
Um imenso tempo perdido
Um adepto da simetria

Um conde que cora ao ser condecorado
Um homem que ri de tristeza
Um amante perdido encontrado
O gafanhoto chamado surpresa

O desertor cantando no coreto
Um malandrão que vem pé-ante-pé
Um senhor vestidíssimo de preto
Um organista que perdeu a fé

Um sujeito enganando os amorosos
Um cachimbo cantando a marselhesa
Dois detidos de facto perigosos
Um instantinho de beleza

Um octogenário divertido
Um menino coleccionando tampas
Um congressista que diz Eu não prossigo
Uma velha que morre a páginas tantas.

Seios

Sei os teus seios.
Sei-os de cor.

*

Para a frente, para cima,
Despontam, alegres, os teus seios.

*

Vitoriosos já,
Mas não ainda triunfais.

*

Quem comparou os seios que são teus
(Banal imagem) a colinas!

*

Com donaire avançam os teus seios,
ó minha embarcação!

*

Por que não há
Padarias que em vez de pão nos dêem seios
Logo p'la manhã?

*

Quantas vezes
Interrogaste, ao espelho, os seios?

*

Tão tolos os teus seios! Toda a noite
Com inveja um do outro, toda a santa
Noite!

*

Quantos seios ficaram por amar?

*

Seios pasmados, seios lorpas, seios
Como barrigas de glutões!

*

Seios decrépitos e no entanto belos
Como o que já viveu e fez viver!

*

Seios inacessíveis e tão altos
Como um orgulho que há-de rebentar
Em desesperadas, quarentonas lágrimas…

*

Seios fortes como os da Liberdade
– Delacroix – guiando o Povo.

*

Seios que vão à escola p'ra de lá saírem
Direitinhos p'ra casa…

*

Seios que deram o bom leite da vida
A vorazes filhos alheios!

*

Diz-se rijo dum seio que, vencido,
Acaba por vencer…

*

O amor excessivo dum poeta:
«E hei-de mandar fazer um almanaque
Na pele encadernado do teu seio!»

(Gomes Leal)

*

Retirar-me para uns seios que me esperam
Há tantos anos, fielmente, na província!

*

Arrulho de pequenos seios
No peitoril de uma janela
Aberta sobre a vida.

*

Botas, botifarras
Pisando tudo, até os seios
Em que o amor se exalta e robustece!

*

Seios adivinhados, entrevistas,
Jamais possuídos, sempre desejados!

*

«Oculta, pois, oculta esses objectos,
Altares onde fazem sacrifícios
Quantos os vêem com olhos indiscretos»

(Abade de Jazente)

*

Raparigas dos limões a oferecerem
Fruta mais atrevida: inesperados seios…

*

Uma roda de velhos seios despeitados,
Rabujando,
A pretexto de chá…

*

Engolfo-me num seio até perder
Memória de quem sou…

*

Quantos seios devorou a guerra, quantos,
Depressa ou devagar, roubou à vida,
À alegria, ao amor e às gulosas
Bocas dos miúdos!

*

Pouso a cabeça no teu seio
E nenhum desejo me estremece a carne.

*

Vejo os teus seios, absortos
Sobre um pequeno ser.

Sumário

7 *Saudação a Alexandre O'Neill*
   por Joana Meirim

27 O tempo faz caretas
28 Se...
29 Meditação na pastelaria
31 Ao rosto vulgar dos dias
32 O tempo sujo
33 Inventário
35 Poesia e propaganda
36 Sigamos o Cherne!
37 Os amantes de novembro
38 A meu favor
39 O teu nome
40 Um adeus português
42 Soneto inglês
43 Agora escrevo
49 Soneto
50 O revólver de trazer por casa
51 A noite-viúva
53 Poema
54 Há palavras que nos beijam
55 Um carnaval
56 O beijo

57 Pretextos para fugir do real
59 Soneto
60 Mesa dos sonhos
61 O pequeno corcunda
62 Rir, Roer
63 Toma lá Cinco!
64 Dores
65 Inventário
67 «Albertina» ou «O Insecto-Insulto» ou
67 «O quotidiano recebido como mosca»
69 Os domingos de Lisboa
70 Amigo
71 Uma lição de poesia, uma lição de moral
73 Animais Doentes
75 Em todo o acaso
76 O atro abismo
77 De um bestiário
79 A bilha
81 Inventário
83 Seios

Este livro foi composto em Adobe Garamond Pro, em papel pólen bold, para a Editora Moinhos, enquanto *Canto das três raças* tocava por duas caixas de som fracas; quem cantava era Clara Nunes.
*
Belo Horizonte estava "sitiada" pelo covid-19.